JN023578

Aloha nui loa

キャシー中島・51年目のキルト作品集

キャシー中島

大和書房

はじめに

キルトを作り始めて半世紀が過ぎました。笑っちゃうぐらいキルトが好きで、一度も針を持つ手を止めることはありませんでした。どんなに忙しくても（忙しい時ほど縫いたくなるのよ）、つらいことがあっても、きれいな色の布を並べてデザインを考え、カットして針を持つと頭の中がスーッとリラックスしていきます。いやなことがあっても、とりあえず一回キルトをして、それからいろいろと考えてみると、悩んでいたことがなんだかどうでもいいことに思えてきたりするの。不思議でしょ。これがキルトマジックなんです。

人それぞれかもしれませんが、何かひとつ夢中になれることがあるって幸せだと思うわ。それが私にとってキルトだったのです。特にハワイアンキルトは何も考えず、ただひたすらチクチクするのでとっても楽よ。失敗も少ないので、できあがった時の達成感は最高。

大切な誰かさんのために作るキルトは、ひと針ひと針にやさしい思いを込めて作るから、プレゼントをした時に笑顔があふれます。「作るのに時間がかかって大変でしょ？」とよく聞かれます。でも、そんなことはないのよ。作っている時間が、私にとっては好きな時間。縫っている時が幸せな時間なのです。

あなたにもキルトがハッピーのきっかけになったらうれしいな。
ページをめくるたびに、やさしさが届きますように。

キャシー中島

自分のためだけのお針箱、いろんなデザインでたくさん作りました。これはもう何個目かしら。いつでもどこでも縫えるようにと、持ちやすい大きさや形を考えて……。糸はいっぱい、ハサミに指ぬき、待ち針も縫い針も入っていて、パッと開けばそこが私のアトリエ。

Contents

Chapter3　時間を感じながら

Chapter4　人生は旅

Chapter5　キルトは愛そのもの

Chapter 1 51年目の一歩

51年間でどれほどのキルトを作ったでしょう！
ファーストキルトから最新作まで、その一部をお見せしましょう。

51年目の一歩

51年って、とてつもなく長いって思ったり、なんだか短いって思ったり……。でも、その間にあったいろいろなことを思い出すと、やっぱり長い。

16歳からモデルの仕事をしていたから、本当に時間がなかった。撮影の合間にあるほんのちょっとした空き時間に本を読んだり、編み物をしたり。モデルの仲間たちとの会話は楽しいけど、私はやっぱり自分ひとりの時間が好き。まだウォークマンもなかった時代だから、音楽を聴きながら編み物はできなかったけど、好きな色の毛糸をかぎ針で編んでいるのは、待っている時間が有意義でハッピーでした。できあがったマフラーやジレは、家族や友人にプレゼントするととっても喜ばれました。

20歳でタレントに転向。モデルの最後の仕事はアメリカロケ、CMの仕事でした。何日かフリーの時間があって、サンタモニカの街をぶらぶら散歩していた時、運命の出合い‼ キルトショップを見つけました。ウインドウに飾ってあったのは、きれいな色のパッチワークキルト。昔、子どもの頃に観た映画のベッドカバーです。すぐに作り方を教えてもらって、その日から夢中で縫いました。1972年の夏の終わりのことです。

それから51年。どれほどのキルトを作ったことでしょう。でもまだまだ作り足りない！ 私の頭の中にはキルトのアイデアがいっぱい詰まっています。

さて、51年目の一歩。何を作りましょうか。ご一緒にいかがですか？

輝いて
230×150cm

大好きだったクイーンの、コンサートの象徴的なシーンを表現してみようと思いました。逆境の中、自分たちの音楽を全うし観客を熱狂させ復活した彼らは、ステージの上でこそ輝けるのです。ステージ上は猫にしましたが、皆さんがこの作品をご覧になってそれぞれのイメージを広げていただけたらな、と思います。

エンゼルストランペット／上

235×205cm

ハワイでは、天使が夜明け前に空から降りてきて、この甘い香りの花を取り、ラッパ代わりに吹いて夜明けを教えると言われています。私の生まれたマウイの家にも、このエンゼルストランペットがあって、まるでトンネルのように咲いていました。私にとっては懐かしいお花です。

生命の木／右

218×160cm

今まで使った布の残りを捨てずに取っておいて、1枚ずつ縫っていきました。まわりはログキャビンで囲み、ボーダーにも葉っぱがいっぱい！　これも捨てないで取っておいた布です。私は「パッチワークツリー」と呼んでいます。

First Quilt

20歳の時、仕事で滞在していたロサンゼルスで出合ったキルト。
見よう見まねで始め、本当にゼロからのスタートでした。

スクエアのファーストキルト

175×130cm

一番最初に縫ったのは、四角つなぎの基本中の基本のアメリカンキルト。手で縫おうとすると針が折れてしまい、ミシンを使って仕上げました。できあがった時の感動は忘れられません。

好きなものはいくつありますか

好きなものや好きなことがたくさんあります。
目覚めの時に窓を開けてみる空の色。
晴れてても曇っていても雨でもなぜかうれしくなる。「あっ、今日も一日ハッピーが始まる」って思うの。その時が好き。

猫の鼻とひげが好き。キルトを縫い始めると、必ずそばで寝てる。針を休めて、冷たい鼻をチョンと触る。ビクッとするけど心を許しているからそのままのんびり寝るニャンコ。アー平和だなーと感謝する。その瞬間が好き。

旅をするのが好き。何回も行っているハワイでも新しい何かを見つける。同じ旅なんかない。夫との二人旅も仕事の旅もワクワクする。ひとりで見る景色と2人で見る景色は違う。なぜだろう、でも両方とも好き。夫との旅はやっぱり気をつかうけどそんな自分が好き。雨上がりが好き。冬のバラ、ワイキキのざわめき、ビートルズの曲、夜の虹、マノアバレーを抜ける風、チョコレート、夫の横顔、ひとつずつあげてみると、なんて好きなことが多いのでしょう。きらいなことがほとんどない。

だから私はいつもハッピースマイルなんですね。

American Quilt

好きで集めていたプリント布を
アトランダムにつなげるのもいいし、
色合わせをして同系色でそろえてもOK。
とにかくチクチクつなげれば、かわいく、
素敵にできあがり。

私の好きな赤いキルト

180×180cm

「キャシーさんのお好きな色は何色です
か?」とよく聞かれます。ブルーも好き
なのですが、真っ先に思い浮かべるのは
赤。ただし、私のキルトにはそれ以外の
色も入ります。自由な発想で色合わせを
楽しむのがキャシー流。

四角つなぎのマット
114×90cm

四角つなぎが大好き。時々作りたくなり
ます。大切にしまっておいたハギレをバ
ランスよく色合わせするのも、私にとっ
て幸せな時間です。プロヴァンスのお日
さまの香りがするような、明るい色の
マットになりました。

誰かさんのことではありませんよ。伝統的なパッチワークパターンの名前が「わがままな奥さん」。中央にバラのプリントを使って、やさしいイメージにしてみました。

裁判所の階段&
フラワーリースのタペストリー／下
149.5×149.5cm

大好きなピンクのグラデーションがやさ
しい色合いでしょ。バラの花もピンクで
うーんと甘いキルトにしてみました。上
にかかっているのは、ハワイアンキルト
の「レフアのタペストリー」。

カレイドスコープ／上

132×98cm

その名のとおり、万華鏡のようにいろいろな形に見えてくるから不思議。大好きな赤を基調にして、明るく元気な感じにまとめてみました。

ウェービートライアングル／右

146×105cm

三角形を縫うのは結構難しくて、布目がバイアスになっているところもあるので、注意しないと伸びてしまいます。大きなキルトを作る時など、歪みの原因になってしまったり。でも三角つなぎのキルトって素敵なのよね！　色をグラデーションにしたり、同系色で作ってみたり、自分らしさを出すと素敵よ。

ウインドミルスター
264×213.6cm

ソレイヤードのボーダーをどうしても使いたくて、今まで集めた明るくかわいい布や、友人からいただいた布をたくさん使ってパッチワーク。スターの部分のプリント布、全部違うプリントなんですよ。こんな色使いが大好きです。

ファブリックパラダイス

140×135cm

赤や黄色のかわいい布を見つけると、ピースワークのアイデアが浮かびます。そして青やグリーンの布をスパイスのようにきかせます。こういうパッチワークが大好き、色をたくさん使って作ってみましょう！

サンプラーズカーニバル

250×200cm

プロヴァンス地方に伝わる伝統的な布を使ったキルト。プロヴァンサルプリントの特徴は、4つの色、オリーブのグリーン、ひまわりのイエロー、太陽のレッド、そして澄みきった空のブルー。不思議と南フランスのイメージができあがります。「明るい色で楽しく作る」、まさにそれが私のパッチワークのポリシーです。

ダブルウエディングリング＆ぶどう

222.5×196cm

落ち着いた色合いの上品なキルト。パ
ターンをつないで、まわりにぶどうを
アップリケしました。

夫婦の絆をイメージするダブルウエディングリング！　2つのリングが重なっているトラディショナルなデザインです。結婚のお祝いにプレゼントするのにも良いデザインね。

そういえば、昔の映画『クレイマー、クレイマー』の最初のシーンで、お父さんとお母さんが別れる時、男の子がくるまっていたのは、このデザインのキルトでした。ちょっと皮肉っているのかしら、すごく気になったことを覚えているわ。

幸せを祈ってチクチク縫ったウエディングリングのキルトです。きっと幸せなカップルをやさしく包んでくれることでしょう。

ダブルウエディングリング＆カサブランカ
110×120cm

「ダブルウエディングリング＆ぶどう」と同じパターンを使って、数を少なくしました。色やアップリケを変えると表情にも違いが出ます。

基本のサンプラーズキルト／上
224×158cm

いろいろなパターンをつなぎ合わせた
「サンプラーズキルト」。16枚のパターン
と中心の大きなパターンの組み立て方を
「メダリオン」と呼びます。明るく、楽し
く、私らしい1枚に仕立てました。

ボーイズキルト／右上
140×140cm

フェザースタイルUSA／右下
170×170cm

父を思い、アメリカンキルトの原点とも
言われるフラッグキルトにチャレンジし
た日のことは、今でもはっきり覚えてい
ます。

カイルアビーチ

パーキングに車を駐めて、少し坂を上がると、今日のカイルアビーチは海の青さがアクアマリンとエメラルド。まるで宝石のように輝いています。いつものように木陰を見つけて大きめなタオルを敷いて、ランチバッグを置き、気がつくと子どもたちは、日焼け止めも塗らず、海に向かって走ってる。

お気に入りの帽子をかぶって、目を細めて、子どもたちを探すと、大きな笑い声。友達に会ったらしく、はしゃいでいます。夏休みだけのハワイのお友達、なかなか会えないけどそんなこと関係ないみたい。波打ち際で遊んでいる。

作りかけのキルトをバッグから出してチクチクタイム。ハワイアンキルトは何も考えず、ただひたすらまつり縫いをするだけ。針を進めていると、ふー、身体がリラックスしていきます。葉っぱのすきまからの木漏れ日がやさしい。心の中がおだやかになっていくのを感じます。

「ママー、おなかすいた」、子どもたちの声。気づくと、お昼の時間がとうに過ぎていました。今日のランチは、ツナとレタスと、卵を甘く焼いたのをサンドイッチにしました。冷たいプランテーションアイスティーとめしあがれ。なんて言うひまもなくパクパク食べる！　見ているだけで気持ちがいい。すっかり満足して、少しお昼寝。と思ったら風が変わった。コナウインドになりました。この風が吹いたら雨が降ってくる。大慌てで荷物をバッグに詰めて、車に向かうと空が暗くなり、雨がポツリポツリ。車に入った時、ザーッと降ってきました。

ハワイの雨は長くは降らないけど、今日はここまでね。「え〜、友達にバ〜イって言ってない」、長女は口をとがらせます。オッケー、明日また来ましょ！

こんなノープランな時間ってハワイにしかない。納得した長女、車が動く頃にはすっかりごきげん。いつもと違う時の流れ。

やっぱりハワイはいいね。心の元気をくれる。

Hawaiian Quilt

ハワイアンキルトに出合ったのは、30代になってからです。
2色使いのシンプルでおおらかなハワイアンキルトは、
私にとってとても大切なキルトになりました。

青いパンの木のベッドカバー

270×270cm

2年の歳月をかけて作り上げた、ハワイアンキルトのファースト作品。むら染め布を使うことで、自然の色や情景を表現できました。

サンプラーズキルト

224×224cm

オリジナルのむら染め布を使って、16
枚のパターンをつなぎ合わせ、ボーダー
には愛らしいロケラニをちりばめました。
マウイ島に咲く愛らしいバラの花のアッ
プリケです。

2色使いのシンプルなサンプラーズキルト

各224×224cm

ビーチに干していたシーツにレフアの花の影が映って、それがあまりにも美しかったので切り取ったのがハワイアンキルトになったと言われています。ですから、白地に赤や青などの濃い色をのせたものがトラディショナル。

今では自由にカラーを組み合わせています。でも、やっぱり2色使いのキルトもシンプルで素敵！

明るいグリーンとパープルの組み合わせはダイナミックでおしゃれ。赤とイエローはハワイの王様の色。それぞれの島の色もあります。たとえば、カウアイ島はパープルとグリーン、オアフ島はオレンジとグリーン、マウイ島はピンクとグリーン、ハワイ島は赤とブラウン。

基本のサンプラーズクッション ＊

各42×42cm

基本のパターンは「エンゼルストランペット」や「プアケニケニ」「アンスリウム」「モンステラ」など。ハワイの風を感じながらテラスで過ごす時間が最高のひととき。

アップリケのクッション

各52×52cm

モチーフは左から「クラウン」「ティアレ
とモンステラ」「カーネーション」。かわ
いいでしょ。クッションは、初めてハワ
イアンキルトを作りたい人にはおすすめ
よ。

お気に入りのハイビスカス

220×220cm

「ハイビスカス」はキルトデザインによく使われる花で、「太陽の恋人」とも呼ばれています。イエローの地にピンクが鮮やかなハイビスカスを周囲にもたくさん咲かせ、ひと針ひと針、心を込めて縫い上げた愛情いっぱいのキルトです。

いとしのロケラニ
112×112cm

私の故郷・マウイ島のシンボルとも言わ
れるロケラニの花。手染めのむら染めで
作ったキルトが、朝の光を受けてとても
きれい。

ラハイナのロケラニ

210 × 205cm

ハレアカラ山のふもとにある友人のお宅のお庭で見た可憐なお花が忘れられませんでした。薄い緑の葉に隠れて咲いていた美しいピンクのバラ、マウイ島の「ロケラニ」。それをこのキルトで表現しました。

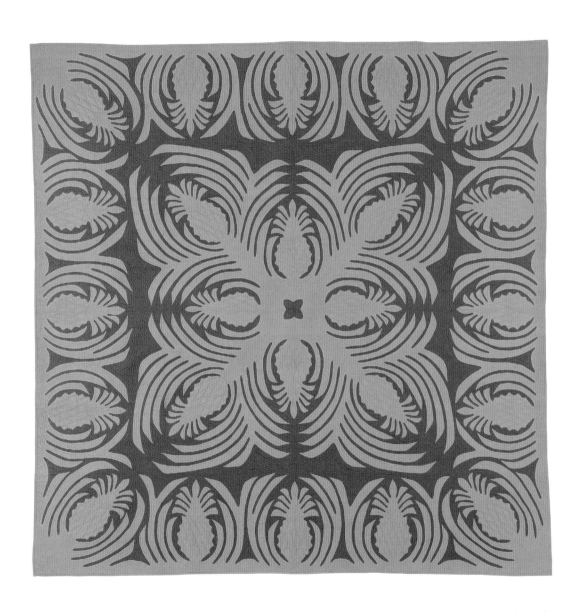

めずらしいパイナップル
212×212cm

ワイキキからノースショアに向かう途中
に、パイナップル畑が広がっています。
私の一番好きなハワイの風景を切り取っ
てキルトにしました。仕上がるまでに時
間はかかりましたが、チクチク縫ってい
るとそこはもうハワイ、そんな気分に！

アナナスのキルト

212×192cm

アナナス（パイナップル）を布いっぱいに
自由にデザインしてカットしてみました。
トラディショナルな2色使いで。

ロイヤルキルト

220×215cm

キング・カメハメハのお気に入りの赤と
黄色の色合いで、王冠、羽飾り（カヒリ）、
扇、マイレのモチーフをデザインしまし
た。太陽の下でチクチク縫う時間は最高
に贅沢！

フェーンのタペストリー

110×110cm

繊細で美しい形をしたフェーンをモチーフにしたキルトです。白地にグリーンのシンプルな組み合わせなので、ボーダーはプリント布を使い、柄に合わせてキルティングを。

ホヌ＆シェルのタペストリー

70×70cm

サーフィンを始めた家族のみんなが海の
事故に遭わないようにと作りました。ホ
ヌとは、海の守り神と言われています。
そんなホヌが気持ちよさそうに泳いでい
る光景をイメージ。打ち寄せる波はおお
らかなウェーブキルトを。

海のキルト

232×222cm

ナイア（イルカ）、フムフムヌクヌクアプ
アアというハワイのお魚、シェルがサン
ゴの海を遊んでいます。イルカは海から
幸せを運んでくると言われています。た
くさん幸せがくるように、イルカをいっ
ぱい泳がせました。

ハナに咲く美しいジンジャー

205×190cm

ハワイにはたくさんの種類のジンジャーの花があります。その中のピンクジンジャーをデザインしました。マウイ島の東にあるハナという美しい所で咲いているジンジャーは生命力あふれる花です。

MAUI MY LOVE

マウイ島の形はまるでカメオの中の女王様のようです。胸のあたりには
ハレアカラ山！

標高3055mのこの山は美しい日の出が有名で、クレーターを昇ってくる
力強い朝日からはものすごいエネルギーを感じます。この山を有名にし
たのは、映画『2001年宇宙の旅』の冒頭のシーンです。
ハワイ語で「太陽の家」という意味の「ハレアカラ」。その神秘的なサンラ
イズは心に残る素晴らしい景色。ぜひ一度見てほしいな♡
そのハレアカラの裾野にある町がクラ。おだやかな気候で農業をやって
らっしゃる方も多く住んでいて、ここで採れるマウイオニオンは甘くて
おいしいと評判です。他にもマカワオ、パイア、空港があるカフルイ、
島の中心ワイルク。カメオの頭のほう、ちょうど髪飾りのあたりにある
のが、先日大火災で大変なことになってしまったラハイナです。私たち
が持っていたマウイの家はラハイナの町から車で10分ほどのカパルア
にありました。2000年にオアフ島に引っ越しするまで、春と夏、そし
てお正月は家族でこの家で過ごしました。子どもたちはこの家が大好き
で、マウイに着いたとたん目がキラキラしてきて身体中からハッピー
オーラがあふれていました。

私は、まずは家中の窓を開けて空気を入れ替えて。ラハイナのスーパー
まで食料品の買い出しです。お母さんはリゾートに来ても、セッセと家
事をするのです(休みにならないのよね)。

買い物の前にちょっとブレイクタイム、オールド・ラハイナの海沿いに
あるキモズでひと休み。子どもたちはアイスクリーム。パパは冷たいビー
ル。私はバージンモヒート(ノンアルコールのモヒート)！

そろそろお日さまが沈む時間。向こうに見えるラナイ島の夕焼けがきれ
い。時間が止まってしまったような静かな日の入りです。この夕日を見
ているすべての人々が幸せそうな笑顔。若いカップルも、長い年月を一緒
に過ごしたであろう年配のカップルも、肩を寄せ合いやさしいひととき。
こんなにも平和でおだやかなラハイナが、あの大火でなくなってしまう
なんて。こんなことが起こるなんて。今でも信じられません。心から復
興を祈るばかりです。

Stained Glass Quilt

透明感のある光を感じさせるむら染めの布を、絵の具のように使い、
アートとして飾るキルトを作りたい！　そう思って始めたキルトです。

夕暮れのあやめ

130×210cm

一面に咲き誇るあやめと、
ブルーからパープルへと変
化する、微妙な空の色を表
現した幻想的なキルトは初
期の作品。

ハワイの美しい花の
サンプラーズキルト

204×144cm

大好きなハワイの花や葉をキルトに咲か
せました。まるで向こう側が見える窓が
できたようです。バックには、さわや
かな風を感じるようなキルティングを。
ボーダーには、大きな葉っぱ（ポトス）を
ランダムに。

庭に咲く花々のサンプラーズキルト
160×100cm

左上から、カラー、チューリップ、ポピー、ナスタチウム、バラ、グラジオラス、ゼラニューム、シクラメン、アイリス。全部私の大好きなお花たちです。

ハワイアンフラワーのタペストリー ＊

90×30cm

ジンジャーにアンスリウムとプロテア。私の好きなハワイアンフラワーを鮮やかに咲かせました。グラデーションの美しいむら染め布の特長が生きた作品です。

サンプラーズのクッション

各30×30cm

お部屋にさりげなく置いてあるとおしゃ
れでしょ？　モンステラにカラーなど、
どれも私の好きなお花を、ステンドグラ
スキルトで。

ガーデニアのミニタペストリー／左

30×30cm

アンスリウムのトートバッグ／右 *

29×20×14cm

モチーフをタペストリーにして飾るのも素敵。バッグは、まるで花束を持っているような形にデザインしてみました。赤い色も微妙に違っていて、まるで本物のアンスリウムのようです。

秋色のぶどう
80×30cm

ガリカローズ
72×27cm

ブリティッシュローズ／左
リリー／右
各72×27cm

ぶどう
72×27cm

さくら（春）

125×40cm

桜の花びらがはらはら散るのと、雪が
ゆっくり降るのと、速さが一緒だと聞き
ました。そういえば花吹雪と言いますよ
ね。風が強い日の花が散る様子は、本当
に吹雪のよう。満開の桜の木の下で、花
びらが散るのを見ているのは、一番春を
感じる素敵な時間です。

クレマチス（夏）

125×40cm

クレマチスの花は夏にぴったりの花。涼
しげで凛としている佇まいが好きです。
動きがあってステンドグラスキルトのデ
ザインにはぴったりね。夏が始まった頃
に咲くクレマチス。今年の夏もきれいに
咲いてくれそうです。

ガレのぶどう（秋）

125×40cm

ガレのランプが欲しくて、アンティークショップを見つけるとチェックをしている時期がありました。薄暗いアンティークショップの中で見るガレのランプは、夢のようにやさしく揺れます。結局は、手が出ないプライスに諦め、それなら自分で作ってしまおうと。手染めの布で、イメージぴったりにできました。

冬の朝に（冬）

125×40cm

御殿場に住んでいた頃、色がなくなった冬の庭で華やかな赤が見えたり隠れたり。私は真っ赤な南天の実がとても好きです。形も色もかわいくて、たわわな実がついた枝を少し手で折って花瓶に挿し、玄関の下駄箱の上に置きます。その壁に同じ南天のキルトを飾って、春を待ちます。

なかなか行けないハワイ。レンガの向こうに見える景色がハワイだったらうれしいな。
四季ごとにハワイを感じられたらいいなぁと思って作ったキルトです。

春 チャイナマンズ・ハット

200×80cm

水色の雨が上がった後、空の色は所々が
ピンク色になっていて、とても美しい！
クアロア・ランチの近くにあるチャイナ
マンズ・ハットの景色をアップリケして
みました。春の花はブルメリア。とても
いい香りでハワイではウエルカムの花と
言われています。

夏 ラニカイ

200×80cm

カイルアビーチの先にあるラニカイビー
チ。ラニカイビーチは午前中がきれい、
青のグラデーションが天国のようです。
あっ、だから、ラニカイ（天国の海）と呼
ばれているのね。パンの木が風に揺れて
います。ハワイの人たちが愛する大切な
パンの木。ラニカイのシンボル、2つの
島がかわいい。

秋 ダイヤモンドヘッド

200×80cm

ダイヤモンドヘッドは、ちょっと前まで
は茶色の山だったのに、このところの雨
や湿気で緑色になっていることもありま
す。私はあの荒々しい男っぽい茶色のダ
イヤモンドヘッドのほうがいいなぁ！
ワイキキビーチとダイヤモンドヘッドに
は、やっぱりヤシの木よね。空の色は秋
らしい夕焼けの色にしました。

冬 カラパワイ

200×80cm

カイルアにある古いスーパー、カラパワ
イ・マーケットの建物をアップリケ。ハ
ワイアンコロニアルなこの建物、とって
も素敵♡　エンゼルストランペットの
花をトンネルのように置いてみました。
作っている時も楽しかった。ビーチに行
く時、必ずここに寄ってランチ用のサン
ドイッチや飲み物を買います。

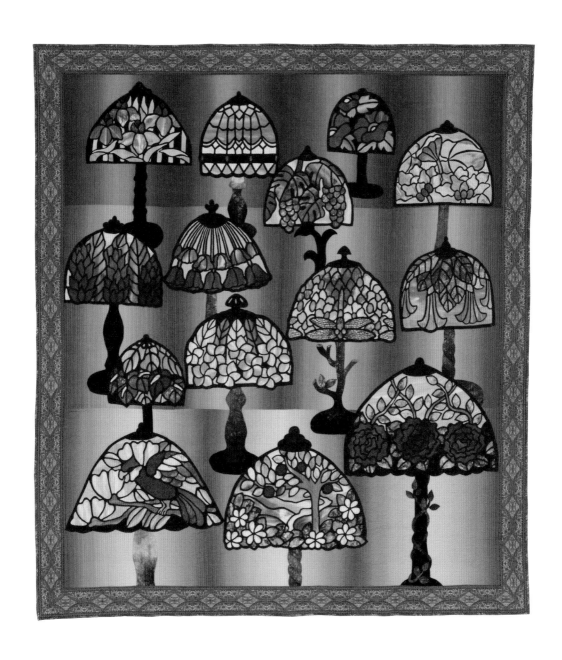

ベネチアのランプショップ

220×200cm

14人で縫ったフレンドシップキルトは、
それぞれのベネチアングラスのランプ
シェードをステンドグラスアップリケの
手法で作成しました。色も形も自由に
楽しく作り、光を感じる素敵なランプ
ショップになりました。

田舎暮らしが私にくれたもの

御殿場に暮らし始めたのは結婚して3年目の夏の頃です。勝野のCM撮影についていった御殿場。撮影中はひまだったので、長女の七奈美を連れて車でぐるぐる。まるで導かれるように迷い道に入り、小さな湖にたどり着きました。つきあたりにある道しるべには「YMCA東山荘」。湖から見える富士山はそれはそれはきれい。雄大な夏の終わりの富士は神々しくもありました。感動のまま来た道を戻ると、湖のそばに「売地」の看板！　無意識に連絡先をメモしていました。

家に帰ってもあの場所が忘れられず、夫の休みの日に、メモしてあった連絡先に電話をして見に行き、即買い。2人で初めての大物買いでした。1年と半年かけて建てた家は、私たち夫婦の理想どおりの家。

引っ越しが終わった夜、子どもたちを寝かしつけて（次女が生まれて子どもは2人になりました）夫婦2人だけで乾杯！　星がきれいで、部屋の灯りを消しても互いの顔が見えるほどでした。それから17年間の御殿場暮らしはキラキラと私の大切な時間になりました。

横浜や東京での生活の中では見えなかったことが、ゆっくりとした時の流れの中で自然と見えてくる。買い物ひとつでも車に乗って1週間分をまとめ買い。何か困ったことがあった時も、ファミリーみんなで考えて解決する。おいしいものだって工夫して自分で作らないと簡単には手に入らない。たくさんのことに気づき、勉強になりました。あの17年が今の私をつくったと言ってもいいくらいよ。

もちろんキルトの作品もね。家族が寝た後の、静かなリビングのテーブルの上が私のアトリエ。ここからたくさんの作品が生まれました。

ここでの暮らしの中で培ったことは、なんでも手に入る時代だからこそ、手をかけたりめんどうくさいことが大切なんだと知ったことです。時間をかけてコツコツ作るキルト、そのめんどうくさい時間がハッピーな時間に変わる。それが私にとっては大事なことなの。

きっとあなたにとってもね。

Garden Quilt

季節ごとに咲く小さな野の花。新緑の美しさ。紅葉のきれいなこと！
お花のキルトを作るようになったのは御殿場の生活がきっかけでした。

ポピーのウォーターカラーキルト
140×140cm

まるで水彩画のように四角い布をつない
でいく「ウォーターカラーキルト」。イタ
リアのフィレンツェで見たポピーをセン
ターに咲かせた作品は90年代に作った
ものです

お花畑でお茶はいかが

220×200cm

イギリスで一番古い建物のひとつ、ルー
シー・ボストン夫人の館のお庭で撮影さ
せていただきました。お庭の真ん中には
大きなブナの木。足元に咲いているコル
チカムの花の色と合う、花束のキルトを
枝にかけて広げました。

ブルーラグーンフラワー

250×250cm

9枚のベツレヘムの星のパターンと、バ
ラのアップリケが浮かび上がるように、
大好きなブルーの濃淡を組み合わせまし
た。

トライアングル＆デイジーのキルト

250×200cm

一見するとすごく複雑に見えるパターンですが、基本はみんな同じ、三角形の分割です。デイジーの花びらはまわりの三角から色をもらって。ソファカバーにもぴったり。

春の足音
218×218cm

花園を思い描きながら、アップリケの
花々をキルトに咲かせました。花びらの
色が微妙に違って、立体感のある仕上が
りになりました。

ガーデニングをするようになったのは、結婚7年目のアニバーサリーが
きっかけなの。夫がプレゼントに持ってきてくれたバラの花束、なんと
100本。うれしかったけど、困った！　だって切り花は枯れるのよ。枯れ
たら捨てるのよ！　私はドライフラワーが苦手なので捨てるしかないの。
そこで、私からの提案。「次からはバラの苗をちょうだい。庭に植えた
ら毎年咲いてくれるよ。そのほうがうれしいわ」。ということで、庭に
はバラの苗が毎年増えていきました。そのバラを眺めていた時、アップ
リケキルトにしたい、そう思ったの。蕾から咲き始めて散っていくまで
をずっと見ていたから、デザインが描ける。キルトにするバラはきれい
に咲いてほしいと思うから、手を入れる。ほらね、ガーデニングのスター
トです。それからは、夢中でバラを育てました。一時期、御殿場の庭に
は、バラが60種類もあったのよ。オールドローズやラ・フランスのよう
な新しい品種のバラ。

美しいバラが咲くとほんとにうれしかったわ。私だけのバラのデザイン。
たくさんのキルトになりました。そのキルトを見るたびに、私の小さな
庭に咲き誇ったバラの園を思い出します。今も5月にはバラがたくさん
咲いていますよ。あなたも、自分だけのバラのキルトを作ってみてね！

ハートオブローズ

154×154cm

中央にハート形のリースをあしらいまし
た。ほんの少し開けた扉からのやさしい
光を受けて、キルトラインがひときわ美
しく見えます。

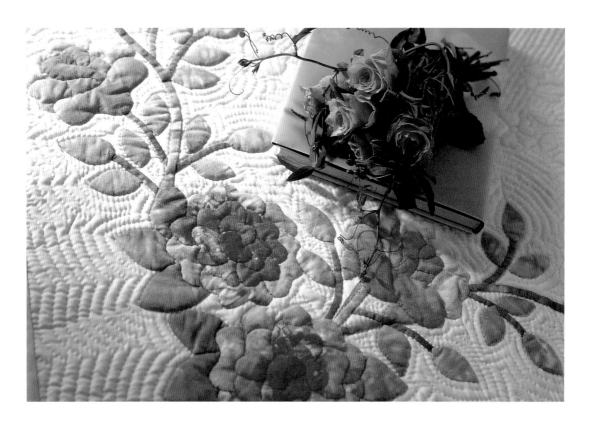

風のささやき

165×165cm

四角つなぎは2種類の色合い、三角はグリーンでグラデーション、と基本の色を決めるだけ。御殿場にある自宅の庭に咲くつるバラをアップリケしたら、とても豪華なキルトになりました。バラの花のまわりは、ウェーブキルトを細かくしてふっくらとさせています。

アニバーサリーキルト

92×92cm

大好きな「マリナーズコンパス」のキルト
に、庭に咲いたバラを周囲に咲かせま
した。138～139ページの「サンシャイン
ローズガーデン」は大作ですが、このサ
イズなら作りやすいでしょ？

ローンスターと夕暮れのバラ
157 × 157cm

伝統的なスターのパターン2種類。セン
ターの大きなベツレヘムの星を、やさし
く包み込むようにバラのアップリケをあ
しらいました。

レモンスター＆ローズ

138×138cm

中央と四隅にバラを咲かせ、レモンスターのボーダーで引き締めます。テーブルにかけたり、タペストリーにすれば、お部屋の中がパーッと明るくなります。

Pouch & Bag

ポーチやバッグなどの小物は、キルト初心者の方にもおすすめ。
色合わせやデザインを考えるのも楽しいひととき。

アロハのポーチ／中央左 ＊
13×15×8cm

ハイビスカスのポーチ／中央 ＊
8×22×5cm

ジンジャーのポーチ／右奥 ＊
12×22×5cm

ポーチのプレゼント

自分の手で何かを作り出せるって素敵なことだと思いませんか。捨ててしまおうと思っていたハギレも、四角や三角、六角形などで縫い合わせればかわいいポーチになる。中に、あめちゃんをいっぱい入れて友人にプレゼント。

喜んでくれる顔を見ているだけですごく幸せな気分！　上手に作るコツはたくさん作ることよ。縫い合わせが上手にできなくても、キルティングがそろっていなくても、丁寧に作ってあればOK。

それと、プレゼントを贈られる方の好きな色を選んであげるのも大切よ。実は私も好きな色のポーチは長く使ってる。

軽くて使い勝手のいいポーチはいくつあってもうれしいものです。

レフアのポーチ ＊
15×22×10cm

ハワイ島のシンボル、レフアの花をポーチに咲かせてみました。

ステンドグラスのバッグ
プルメリア／上左 *
ウル／上右 *
22×32×10cm

ステンドグラスキルトで簡単にできる
トートバッグを作りたいと思い、デザイ
ンしました。初めての方でも作れる素敵
なステンドグラスキルトです。

クレイジーキルトのバッグ／左
25×40×14cm

コロナ禍でキルト教室の生徒さんがレッ
スンに来られなくなりました。その時、
私とみんなをつないでくれた、思い出深
いバッグです。

ピカケのダブルバッグ／左

青：22×27×8cm
ピンク：17×24×5cm

青いショルダーバッグから、鮮やかなピンクのバッグインバッグが素敵でしょ。それぞれ別にしても使える便利なバッグです。

ウインターバッグ

バラ／下左

レフア／下右 ＊

27×40×10cm

生徒さんだけに作ってもらおうと思ってデザインしたバッグ。頑張り屋さんにはバラのアップリケ、ハワイアンのお花が好きな方にはレフアの花をデザインしました。キャリーバッグの持ち手に取りつけられるように作ったので、とても便利に使っています。

レイモキハナのトートバッグ

20×22×18cm

モキハナの実のレイをアップリケしました。モキハナはハワイ・カウアイ島の島花で、とてもいい香りがします。

チューリップとリリーのドレスバッグ

26×20×13cm

キラキラしたブルーの布にアップリケして、かわいらしい形のバッグにしました。持ち手の付け位置にタブを結ぶだけでドレッシーなイメージになります。

Chapter 2 いとおしい時間

母、夫、子どもたち、そして孫へ──。
たくさんの愛する人たちに思いを込めて作ったキルトたち。

Dear Mother

満開の桜の木の下で
115×210cm＜1984年＞

母の問わず語りの昔の恋の話を、いつの
頃からか桜の季節になると思い出すよう
になりました。母の着物の帯をほどいて
縫った作品。

満開の桜の木の下でagain

115×210cm ＜2015年＞

桜を見るたびに思い出すようになった母
のこと。30年前に作った作品を、思い新
たに同じ構図で作ってみました。

母にささげるキルト

母は強い人です。あの時代に私をひとりで育てた人ですから。父との出会いや2人の物語を聞きたかったのに、私が結婚した2か月後に旅立ちました。まるで私のことを勝野に渡して、自分の役割が終わったかのように静かな旅立ちでした。

父と別れてからは誰にも頼らず、ひとりで幼い私を抱えて生きていくことは、並大抵のことではなかったでしょう。私を人に預けてひとりで働き、やっと一緒に暮らせるようになったのは、私が9歳の時でした。夢に見ていた母との暮らし、う〜んと甘えてわがままを聞いてもらおうと思っていたのに、現実はまるっきり違っていました。母は今まで教えてあげられなかったことをひとつずつ私に伝えます。それこそ箸の上げ下ろしから、椅子に座る時の姿勢などなと、厳しい母でした。

そんなわけで私も強い子になり、小学校でいじめにあってもへっちゃら、だって母から言われてましたから。「あなたはお父さんの国の良いところとお母さんの国の良いところの両方をもらって生まれてきてるのよ。だから自信を持ってね。こんなにきれいな瞳の色と髪の色、みんなきっとうらやましいのよ」と。だから何と言われても平気！

身体も大きいほうだったので負けない。おとなしいほうじゃないから口でも勝つ！　いじめはすぐに終わりました。他にやっぱりハーフの子でいじめられている子がいると、ほうきを持ってやっつけに行く、そんな正義感の強い子でした。

母は何度か恋をして、私には弟がいます。でも再婚はしませんでした。大人になった私は母の良き相談相手だったのでしょう。いろいろな話を聞き、母の恋人にも会いました。私の父の話は結局聞くことはなく、数枚の写真と手紙と、父が私につけてくれたキャサリンという名前だけが残りました。でもいいの。私は母からすごくすごく大きな愛をもらっていたから、心の中の中はちっともさみしくなかったから。だから今の私がいるの。人を愛することを知っている私がいる。不思議ね、母の愛を70歳を過ぎた今でもそばに感じる時があるのです。

メモリーオブアイリス
190×190cm

着物をよく着ていた母。忘れられない思い出は白い日傘をさして、絽の着物を着た母と外出した日のこと。その時の着物の柄がブルーと紫がやわらかく入った菖蒲だったような気がします。

遥かなる山の唄

245×220cm

ハワイは海のイメージが強いですが、山も多くたくさんの緑があふれています。そんな山の中で見ることのできるシダやモンステラ、タロリーフといった植物をデザインしました。緑あふれるキルトに包まれると心地いい眠りに誘われます。まるで母の愛に包まれているように癒されることでしょう。

ティアレ・タヒチ
225×220cm

布との出合いは不思議で、このむら染め
の布と出合った時に、タヒチやティアレ
のインスピレーションが私に飛び込んで
きました。タヒチには至る所にティアレ
の花が咲いています。モチーフのティア
レの花は女の子の象徴の花で、女の子は
髪にこの花を挿していて、甘くやさしい
香りが漂うのです。そんなイメージをキ
ルトにデザインしました。

信じてあげるしかないの

　3人の子どもたちは、御殿場・富士山の下でのびのびと育ちました。お姉ちゃんたち2人は小学校から箱根の女学校に通うようになり、自由奔放に育っていましたので、学校の規律から手も足も出ちゃう感じで、しょっちゅう呼び出されていました。もう2年目ぐらいからは慣れっこになっちゃって。子どもだから仕方ないですよね。「先生方の深い愛でどうぞまっすぐに導いてくださいませ」なんて言えるようになりました。たしかに学校の枠にはハマらなかった2人。でもママは知っています。弟や小さい子にやさしいことや、落ちているゴミを拾ってゴミ箱に入れていること。困っている人を放っておけないこと。他にもたくさん知ってる。だから、先生たちに何を言われても信じてきた。心の奥底にある愛を。だって、パパとママがすべてをささげて愛してきたから。自分を大切にしてねって言い続けてきたから。なんにも心配してなかった。

　今、大人になったあなたたちを見ていると、あのキラキラしていた日々を思い出します。あの時、信じていようと決めたことは間違っていなかった。

　七奈美お姉ちゃんはたくさんのことを妹と弟に教えて、早くに旅立ってしまった。でも、なぜかいつも一緒にいる気がします。きっと私たちを守ってくれているのでしょう。

　あの3人が子犬のように、コロコロと笑いじゃれ合った日々、決して忘れない私の大切な宝物です。

Dear Nanami

サンシャインガール
142×142cm

長女の七奈美が私たちより先にお星さまになってしまうなんて、思いもよりませんでした。泣いてばかりだった日々。それではいけないとキルトの力を借り、明るく輝いていた七奈美が好きだったオレンジをイメージして作りました。

ホンコンオーキッドとピカケレイ
／右

210×210cm

七奈美のウエディングのプレゼントに
作ったキルトです。結婚披露宴で、いら
してくださったみなさまをお送りする時
に、後ろに飾らせてもらいました。長女
はこのキルトに守られながら旅立ちまし
た。

とっても明るい子で責任感が強く
て妹と弟が大好き！　学校が一緒
だった妹を守るために年に一度の
避難訓練の時、先生の言いつけを
守らず妹の教室に駆け込んですご
く怒られ、私に呼び出しの電話がかかってきました。
学校に向かい、先生の前に座らされている神妙な顔
の七奈美に聞くと、「だって雅奈恵を連れて避難しな
きゃと思って」との返事。怒れなかったわ。そのやさ
しさに泣きそうになるくらいでした。洋輔のことも
大好きだったので、デートにも連れて行く始末。彼
よりも弟を大事にするので、その恋はあっさり終わっ
たようです。

七奈美へ

七奈美、勝野の本名「六洋」と、私の本名「八千代」の
間に生まれた愛する娘の名前は、２人の数字の間
の「七」をどうしても入れたくて七奈美になりました。
娘はこの名前が気に入ったようで、アーティスト名
も「NANAMI」でした。

そんな家族愛にあふれた七奈美がいないなんて、ママは本当にさみしい。何年経ってもさみしいわ。でもきっとそばにいるよね。みんなのそばに。ずーっと変わらない七奈美！ とってもかわいい七奈美！こんなことが起きるなんて夢にも思いませんでした。一番元気でしっかり者の七奈美との別れは突然でした。

いつだって元気印の頑張りお姉ちゃん、反抗期はもちろんあったし、一番私とぶつかった。でもどんなに反抗的でも家族愛が強いから憎めない！ 最後には「ごめんなさい」とハグしておしまい。歌が好きでアーティストとして仕事をして、やっと自分の音楽を作り出せるようになった時に結婚。それから2か月経った時から咳が出始め、それから7か月で星になりました。その間のことはほとんど覚えていません。私の心の消しゴムが、つらく悲しいことを消してしまったようです。ただ七奈美を家に連れて帰った夜の月だけを覚えています。

ごめんなさい、今こうして書いていても涙が止まりません。もう書けない！ 14年も経っているのに悲しみはちっとも終わっていません。これからもずーっとそうなのでしょうね。

目を閉じて思い出すシーンは、結婚式の日のキラキラ輝いているサイコーに美しい七奈美です。そのキラキラをキルトにした時、私は七奈美をすぐそばで感じることができました。

プロテアとジンジャーの
タペストリー／上

100×100cm

ティナのワルツ／下

250×210cm

このキルトをカットしている時に、病院
から連絡がありました。途中でハサミを
置いて七奈美のもとへ駆けつけました。
それからのことはあまり覚えていないの
です。長い間そのままになっていたこの
キルトを「サンシャインガール」の完成を
きっかけに頑張って最後までカットをし
ました。タイトルは七奈美の残してくれ
た曲のタイトル「ティナのワルツ」にしま
した。

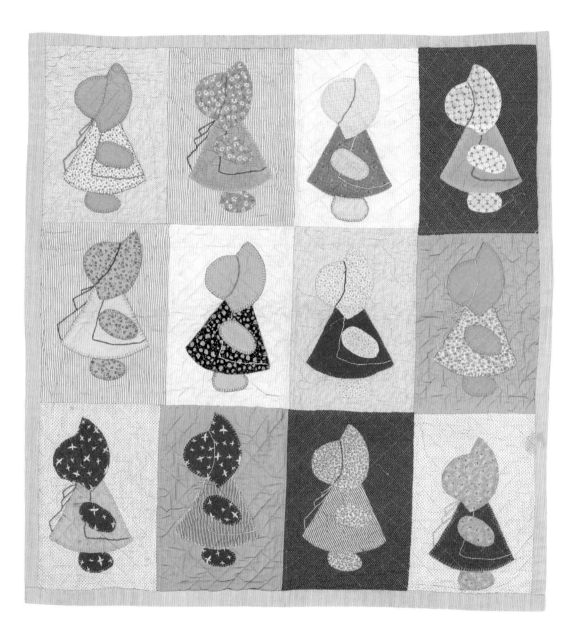

ボンネットスー

115×110cm

七奈美のためのファーストキルトは、この「ボンネットスー」。日よけ帽子をかぶった女の子がモチーフのこのパターンは、アメリカで1930年代に流行りました。毎日使ってたくさんお洗濯もしたので、だんだん色あせて、今ではもうアンティーク風情になっています。

Dear Kanae

雅奈恵へ

今は3人の子育てに毎日忙しくしている雅奈恵ママ。

あなたは小さい頃から真面目で頑張り屋さんで納得いかないことがあると絶対に妥協しない。それは今もそのままね。

お姉ちゃんと弟に挟まれて、押さえつけられたり、引っ張られたり。それでも負けないメンタルの強さは誰に似たのかしらね。きっとパパね！

私とあなたはハワイの仕事を一緒にしていました。

『キャシーマム』という本でハワイのあれこれを紹介するために、1年に10回以上、ハワイの全島を回りました。たくさんの写真とたくさんの思い出、お姉ちゃんがやきもちを焼くほど一緒にいたわね。

お姉ちゃんがいなくなってからは、自分がお姉ちゃんの分まで頑張らなければと、一生懸命私たちを明るくしようと努力していました。

私はあなたに救われたわ。また家族で前を向いていこうと思うことができました。

あなたには感謝しかない。私の娘でいてくれてありがとう。

今のまま、あまり無理をしないで歩いてください。3人の子育てを楽しんでね。どんなに大変だったり、つらいことがあっても必ず「楽しかったね」と笑って言える日がくるから。

それを私は知ってるわ。一日一日を大切にしてね。大切な私の娘♡

ブライダルプルメリア
215×215cm

長女のウエディングキルトを作り終えた後、次女、雅奈恵のために作ったウエディングキルト。やさしい色合いで、淡いピンクのプルメリアをたくさん咲かせました。

娘に贈るティアレのキルト
255×230cm

タヒチの花嫁のキルトは、やはりティア
レの花をデザインしたものでしょう。い
つか嫁ぐ娘のために何枚もキルトを作る
のだとか。「まるでティアレの花園にい
るみたい」。雅奈恵がそう言って微笑み
ました。

カノエラニキルト

225×212cm

フラに使う様々な楽器をデザインしました。マラカスのようなウリウリ、ひょうたんでできたイブヘケ、竹でできているプイリ、そしてパフ、ハワイ語でドラムのことです。これにハワイの楽器で知られているウクレレとレフアの花を配置しました。

Dear Yosuke

洋輔へ

洋輔が手芸家になるなんて思ってもいませんでした。アメリカンフットボールに明け暮れていた高校2年生の時、家族ぐるみでお付き合いがあった大林宣彦監督の映画『淀川長治物語 神戸篇サイナラ』の主役に抜擢されました。その作品で、淀川さんの青年期を演じさせていただき、夏休みの期間中に撮影をしました。その流れで俳優になるのかなぁと思っていたのですが(実際高校を卒業してから俳優の仕事をしていました)、大学2年の終わり頃に急に大学を辞めて服飾系の学校に入り、物を作る人になりました。びっくりしました。

帽子を作ったり、服を作ったりと楽しそう。作った服には刺繍を施し、とっても素敵♡

私のサポートも、制作スタッフもするようになりました。

長女の七奈美が亡くなった後、フランスに刺繍留学。姉が亡くなった時に、「人生は短い。やりたいことをやらないと後悔する」と思ったようです。

そう、人生は短く、「光陰矢の如し」って言うのよ。さみしかったけど後押しをして、パリのルサージュというオートクチュールの刺繍学校に留学しました。1年で帰ってくる約束が、なんと6年間帰ってきませんでした。知らないうちにデザイン学校に入学して卒業していました。

まったくママには何の相談もないんだから！

帰国してからは、本格的にキルトや編み物、刺繍のデザインと大忙し！　テレビのMCやラジオのパーソナリティ、と頑張っている洋輔を見ると、本当にやりたかったことを仕事にできてよかったなぁと心から思いました。

今は私のキルトを管理するサポートもしていて、おかんはうれしいわ。

6年間のフランス生活は、洋輔をたくましくし、思いやりのある男性に育ててくれました。洋輔と作る作品は新しく、新鮮で、楽しくて、ワクワクします。

無理をしないで自分のペースでいいよ。ゆっくりしっかりね。

これからも2人の作品を作っていこうね♪

ズーカーニバル

180×150cm

大好きな赤い布をたくさん使って、いろ
いろなパターンのピースワークを作りま
した。その上に洋輔が動物の刺繍を配置
して、楽しいコラボレーションの作品に
なりました。

青いグリフォン2
160×95cm

1996年に作った作品がひとつめで、7
年後に新たに作ったのがこの作品。風を
感じさせる手染めの布をオーダーして制
作。リバースアップリケのテクニックを
組み合わせて、絵を描くように作り上げ
ました。

青いグリフォン1996
120×90cm

グリフォンとは、ワシの頭と翼に、ライ
オンの下半身を持つ伝説上の生物。この
グリフォンを息子の部屋の守り神として
飾りたいと思って作りました。黒いバイ
アステープを使い、ステンドグラスキル
トで作ったので雰囲気があるでしょ。

ワイキキの浜辺でのんびりと

230×240cm

洋輔がフランスに留学する時、その旅立ちを思いながら作りました。フランスに行く時に持たせたかったのに間に合いませんでした。結局、できあがったのは留学して何年も経ってからでした。

ゆりの花束
105×130cm

私の大好きなゆりの花を、私がアップリ
ケキルトし、洋輔が刺繍を担当してでき
あがった作品です。洋輔と一緒にキルト
を作る日がくるなんて！

窓辺のバラ
94×70cm

洋輔と2人で作るキルトは、デザインをよーく考えます。だって、私がこうしたいと思ったことを良い意味で壊してしまうの。

このキルトも、シャガールのような色合いのキルトを作りたいと、風車のパターンで作り始めたのですが、洋輔が急に「バラの刺繍がしたい」。それも、スパンコールで。

「ちょっと待って。白い馬や白い鳥を刺繍するんじゃなかったの？」と私。
「うーーーん。今のイメージは違うんだよね。なんか立体感がある刺繍がしたい。花が飛び出してくるような感じがいいな」

ハイハイ、刺繍のほうはお任せしました。

私はとにかくパッチワークを頑張ります。

風車のパターンはフォーパッチを少しずつつなげていきます。赤系の色だけをつなげるのではなく、青い色をポイントに入れてみる。

色の組み合わせは服と一緒。同系色で合わせるのは簡単だけど、つまらない。全然違う色を組み合わせた時に生まれる意外性や偶然性、これが面白い!!
失敗なんてないの。好きな色で作ればいいと思う。
このキルトは、私の頭の中に浮かんだ色に近い色となりました。そして洋輔に渡してできあがった時に、洋輔がやりたいと言っていた意味がわかりました。

壁に飾った時の迫力と美しさ。「あーー、こういうことなんだ！」と、わかった瞬間でした。

Dear Grandchild

チャイルドスキップ

230×170cm

いとおしいマーゴ

泣いていても、怒っていても、笑っていても、何をしてもただかわいい孫の存在は心を満たしてくれる。
私は孫のことを「マーゴ」と呼んでいます。

3人のマーゴたちはそれぞれ個性的。ひと筋縄ではいかない子たちです。
だからかわいい。愛し方も違います。
かまってあげたほうがいい子と放っておいてほしい子、本当にそれぞれです。

でもね、バァバは全員を同じように愛したい！
一緒にいる時間はもちろん大事だけど、一緒にいない時だってあなたたちのことを思いながら針を進める。
もうハルコのキルトは3枚も縫ったわ、ヒヅキのキルトは1枚なのに！
あら、エイトのキルトはまだ作ってないわ！
早速作りましょ！

バァバが元気なうちにマーゴのためのキルトを作って、あーこれはおばあちゃんが自分のために作ってくれたなぁなんて、思い出してくれたらうれしいな。

さあ、3人分のキルトを作らないとね！
さあ頑張ろう、バァバ！

私の大好きなピースワークのパターンで
「メリーゴーランド」「回転木馬」と言い
ます。四角いピースをただひたすら縫い
ためてつなぎ合わせるとあら不思議！
くるくると丸い模様になっています。こ
んな驚きがあるのもピースワークキルト
の面白さですね。

ピーカーブースクエア
170×115cm

赤いキルトが好きなので、赤い布をたく
さん集めています。様々なプリント布を
使って、おしゃれなキルトを作りました。
ピースは四角と三角でシンプルに、ブ
ルーを少しきかせてこんなに楽しいキル
トができました。

To Loving Husband

2017年2人でヒロへ

アロハエアーのヒロ行きがいっぱいだったのでコナ行きに乗り、コナエアポートに着きました。風が吹き抜けるエアポートで荷物を受け取り、レンタカーで夫と2人でビッグアイランドツアーです。

ドライバーはいつも私！　なぜって、道を知っているから。今回はヒロで一泊してボルケーノハウスに行きたいの。スポーツタイプのフォードに乗って、さあ出発よ。

コナの町へは行かず、ハイウェイを左に曲がってヒロを目指します。途中でラジオのウェザーニュースを聞くと、ハワイ島の真ん中を通っているサドルロードはトレードウインドがすごく強くなるらしく、強風注意報が出ているとのこと。急遽コースを変更して、ハマクア・コーストを走ることにしました。

サドルロードの景色は素晴らしいのに、特に空と雲のビューは最高なのに残念！　ワイメアの町を抜けて、パーカー牧場を通り、しばらく走るとホノカアの町に着きました。町の入り口にある、マラサダで有名なテックス・ドライブインで休憩することにしました。もちろんコーヒーとマラサダを注文して、窓辺の席に座り、通り過ぎる車を見ていて気がついた。古い素敵なヴィンテージカーが普通に走ってる。なんだか時間が戻ったようで、不思議な気分！

カウンターに呼ばれて現実に戻りました。マラサダは本当においしかった。弾力のあるパンとまわりの甘さがバッチリよ。満足して車に戻り、ヒロに向かいます。でも本当はね、ホノカアの町やワイピオ渓谷を見たかったのだけど今回はおあずけ。次のチャンスにします。

40分ほど走ってヒロの町に着きました。まだサンセットには早い時間なのでBBにチェックイン。ステファニーのBBは清潔で静か、何よりも2ブロック先にはヒロダウンタウンがあるのがサイコー。子どもたちが小さい頃はよく家族で泊まりにきました。

真ん中にハーフオープンのリビング（夜はお星さまがよく見えて素敵よ）、そこを囲むように5つの部屋。ベッドも大きくて過ごしやすい部屋です。服を着替えてダウンタウンにあるカフェ・ペストに向かい、リザーブしておいた大きな窓辺のテーブルに座り、キーンと冷たいシャブリをオーダー。今日はなんでもない日なのだけど、なんだか夫と乾杯したくて。

少しずつ空の色が変わっていきます。雨の日が多いヒロにしては良いお天気。ププ（おつまみ）はアヒポキ、ハワイの代表的なお料理です。思い出話に夢中になっていたら、もうサンセットタイム。雲をオレンジ色に染めて美しいショーが始まりました。

子育てが終わって2人きりの時間。夫の横顔を見るとしわがたくさん。その一本ずつが私たちのヒストリーね。もう少ししわを作りましょうね。できれば笑いじわを♡

8年目のプレゼント

170×170cm

私は幼い頃からバラが大好き。貧しかっ
た生活の中で、母がいつも玄関に一輪の
バラを飾っていたから。このキルトは、
結婚8年目にもらった500本のバラの花
束を布で表現しました。それにしてもう
れしかったわ。

うたたねキルト

205×130cm

御殿場住まいだった当時、夫は毎日車で片道2時間かけて仕事に行っていました。合間を見ては車中で仮眠をしていた夫を思い作った「うたたねキルト」。飼っていたシャイアンという名の栗毛の馬がモチーフ。

うたたねキルト30

190×160cm

結婚30年を迎えた年、わがままな私に
ずっと付き合ってくれた夫に感謝して、
改めて「うたたねキルト30」を作りまし
た。2頭の馬が仲良く走る姿を夫と息子
にたとえ、星に囲まれた、明るい色合い
のキルトにしました。

10年愛ローズ
205×205cm

本当は10年ではなく、18年以上かけて
作ったキルト。「AQS主催キルトコンテ
スト2008」(ケンタッキー州パデューカ)
ハンドメイドキルト部門第1位受賞作。

7年のバラ
225×190cm

家族のキルトで、中央が私で、パパ、長
女、次女、長男が私を囲んでいるのです
(実は内緒なんですけどね)。パパが大好
きなアルベルティーヌというバラをはじ
め、フェリシア、マチルダ、グラハム・
トーマスなどをデザインしました。

ありがとうの想いを込めて
220×220cm

バラのアップリケはたくさん作りますが、
ポンポン菊は珍しいのよ。赤や黄色のカ
ラフルな色使いにしたけど、きれいに仕
上がり、まとまりも出ました。ベッドカ
バーにするととてもおしゃれ。

To Our Beloved Cat

家族になった日
205×159cm

大好きなバラと大好きな我が家のニャンコたちのアップリケ。満開のバラのお庭でお昼寝したり、お散歩したり、のんびりとくつろいでいる私の大事な家族たちです。

Chapter 3 時間を感じながら

気づいたら51年。常にキルトがある暮らし。
四季を感じながら、時間とともに紡いできたキルトたち。

Award Quilt

ありがたいことに、賞をいただいた作品もあります。キルトが日本でもますます発展するきっかけになったらとてもうれしいわ。

スウィートローズレイ
228×227cm

76〜77ページの「春の足音」の中央の図案を使ってちょっとアレンジした作品。「AQS主催キルトコンテスト2001」（ケンタッキー州パデューカ）アップリケ部門第1位受賞作。

キルトシティ・パデューカ

アメリカの南部ケンタッキー州に、パデューカという町があります。テネシー川とオハイオ川が合流した大きな川がパデューカの町を通っていて、この川がよく氾濫するのです。数十年前の氾濫はとてもひどくて、パデューカの町のほとんどが水に浸ってしまいました。

町を復興させるためにキルターたちが立ち上がり、町をあげての大きなキルトフェスティバルを開催することになりました。酒屋さんも、病院も、パン屋さんも、町中のお店がキルトを飾ってキルターを歓迎します。毎年4月に開催されるこのキルトフェスティバルは人気になり、町の人口の10倍ぐらいの人々が訪れるようになりました。静かな小さい町がこの時だけ賑わうの。

私は10回ほどこのフェスティバルに参加させていただきました。町の中心にあるAQSキルトミュージアムは、世界中のキルターの憧れの場所です。ここに飾られているキルトは、フェスティバルのコンテストで入賞したキルトです。全部素晴らしく、見ているだけでスキルアップします。

ちょうど春休みの時期だったので、3人の子どもたちを連れて行きました。キルターのおばちゃんに囲まれてわいわいと楽しそうでしたよ。なんといってもおばちゃんたち、甘やかす、甘やかす。食べ物はたくさんくださるし、宿題も手伝ってもらいました。子どもたちにとっても良い思い出がたくさんあります。

会場のホテルをとることができなかった私は、国道沿いにあるホリデーインに私の生徒さんたちと泊まっていました。朝食が出ないので国道に出てパンケーキハウスで食べることにしました。5、6分ほどぞろぞろと歩いて着いたのですが、コンボイと呼ばれるトラックの運転手たちで満席です。少し待ちましょうと話していたら、運転手の中で一番の年長者が「ほらみんな。レディたちがお待ちだよ。早く席を空けなさい」と声をかけ、「ヤー」と言いながら太い腕にタトゥーが入っている屈強な男たちが席を空けてくれ、「さあ、レディ。お座りなさい」と笑顔で言ってくれたの。素晴らしいジェントルマンたちに私たちは感動しました。生徒さんは「サンキューでございます」なんて英語なのか日本語なのかわからない言葉で感謝を伝えました。でも、ちゃんとコンボイさんには伝わったようです。

その日は一日中ハッピーな気分でキルトを見ることができました。今でもあの時のことは忘れられず、心が温かくなります。旅先で受けた親切はずーっと忘れられません。久しぶりにパデューカに行きたくなりました。

懐かしいあのパンケーキハウスは今もあるかしら。オハイオ川のほとりにあったレモネードのお店は今でも生のレモンをいっぱい搾ったおいしいレモネードを出しているかしら。古いボタンショップ、ハナミズキのチョコレート屋さん。アメリカの田舎町はただただやさしさがあふれているのです。

サンシャインローズガーデン

230×230cm

アメリカ・バーモント州の美術館で見た
マリナーズコンパスのキルトに感動して、
自分も作ってみたいと思いました。複雑
なパターンなのでとりあえず1枚のつも
りが、楽しくなって9枚も。パターンの
まわりに、庭に咲いていたバラをアップ
リケ。「IQA主催キルトコンテスト2003」
(テキサス州ヒューストン) The Founders
Award受賞作。

私の小さな庭に春が来た
230×190cm

東京に暮らしていて、なかなか山の家(御殿場)に帰れない時、さみしくならないように小さなテラスに鉢植えのバラとライラックが置いてあります。ライラックの根元にはたくさんのムスカリを。「IQA主催キルトコンテスト2002」(テキサス州ヒューストン)アップリケ部門第2位受賞作。

Spring

スプリングカラーのキルト
210×210cm

鎌倉の家

鎌倉に少しだけ住んだことがある。といっても、金、土、日の週末の家ですが、その頃は御殿場に住んでいましたので、「週末は海がある場所に行きたい」そんな気持ちで建てた家です。

夫の勝野が若い頃、ここ鎌倉を舞台にしたドラマを1年間撮影していました。「俺たちの朝」という若い3人の友情物語で、大変人気のあるドラマでした。その時にかやぶき屋根のお宅をお借りして撮影をしました。そのお宅の近くに小さな家を建てたのです。

この家で、日本では初めてのハワイアンキルト教室を開講しました。今から30年ほど前のことです。この家は1人の大工さんが手をかけ、コツコツと建ててくれましたので、手作り感満載！　ベランダの手すりと窓枠は白、後はきれいなグリーン、そして所々にトールペイントがしてありました。大工さんの奥様がトールペイントのアーティストで、描いてくださったの。それはそれは美しいトールペイントでした。お庭にはミモザの木を植えて、バラのアーチもあって。春になるとベランダに腰かけ、温かいミルクティーを飲みながら午後のゆるい時間、庭を眺めるのが好きでした。

3人の子どもたちもこの家が大好きで、近くにあった極楽寺駅から江ノ電に乗って海に遊びに行っていました。なぜか夏よりも春や秋の海が好きで、のんびりと眺めていたり、波と遊んだり、とても良い時間を過ごした家でした。

10年ほど家を持っていましたが、生徒が増えたので、ご近所に迷惑にならないようにと、由比ヶ浜にキルトスタジオ＆ショップをオープンしました。
極楽寺の家は、次の持ち主の方がすごく気に入ってくださり、今もあの頃のままお住まいになっているそうです。

今でも時々あの春のミモザやバラを思い出します。懐かしい鎌倉の家です。

Summer

海と真珠のタペストリー *

105×105cm

ハワイの海のグラデーションはなんて素
敵なんでしょう！　青い海と楽しく踊る
ような波をモチーフにしたハワイアンキ
ルトのタペストリーは、豊かな海からの
贈り物です。

ニミッツ・ハイウェイ

いつもより早く着いたホノルル空港は人が少なくてイミグレーションも静かです。スムーズにバッグを受け取り、そのままレンタカーステーションに向かいます。「アロ〜ハ」と声をかけると顔なじみのマギー！笑顔がチャーミングなマギーからキーをもらい、お気に入りのCadillac EscaladeのエンジンをON。ズーンと良い音が響くとFMのスイッチを入れ、ハワイアンミュージックステーション105に合わせて、さあ、私のハワイが始まります。心地よいスラックキーギターの音に合わせて身体も心ものびのびリラックス。なんなのでしょう、ホノルルの風に吹かれると、今まで抱えていたいろいろなことがスーッと溶けていくの。若い頃も、今もね。

空港を出てHIに入らず、昔からの道、Nimitz Highwayをワイキキに向かいます。朝、早いせいでしょうか、車も少なめ。倉庫街を抜けると右側にアロハタワーが見えてきます。ここは大型船が停泊する桟橋。今も大きなマンションのような船が停まっています。あの有名な曲『憧れのハワイ航路』の船はここに来たのでしょうね。カカアコのあたりはアートの町と呼ばれています。壁画をたくさん見ることができますよ。そのカカアコを通り抜けると美しいビーチ、アラモアナ・ビーチパークが広がり、私の気分も最高！　左側にはショッピングセンター。アーッ、私、今、ハワイに来てる〜。

もう何十年も通っているニミッツ・ハイウェイ。あなたにもこの道を通ってほしいな。私のお気に入りの道です。

Autumn

秋の夕暮れの空に
220×210cm

Winter

幸せを告げる星のキルト
70.5×70.5cm

フィンランドの森

いつも泊まる「ホテル・カンプ」はコーナーの部屋がいいです。窓から見える大通りは季節ごとに変わるイルミネーション。何も考えずぼーっと見ているのがいいわ。好きなのは冬。キーンと冷たい空気が頭も心もきれいにする。

フィンランド・ヘルシンキが好きになったのは偶然。パリに行く時どうしてもエアーチケットが取れなくて諦めかけた。そうしたら、ヘルシンキ行きのチケットだけ空席があるって。じゃあヘルシンキで乗り換えてパリに入ることにしようとなって、初めてヘルシンキに行きました。どうせなら少しヘルシンキを楽しもうとなり、フィンランドといえば「マリメッコ」。マリメッコのプリント布を手に入れたいと思い、３泊だけ滞在。そしたら、すごく楽しくて、フィンランドにハマりました。北欧の色使いやファッションも素敵！　二度目に行く時、『かもめ食堂』を観て少し勉強をしてから行きました。とっても良い映画よ。そこに出てくる書店のカフェには必ず寄るようになり、キッチュなケーキも好物になりました。

もちろんキルトにも、この北欧の色は影響しています。ポイントに赤やオレンジ色を持ってくるのは、この北欧の色から始まったの。

やっぱり私にとって旅は栄養ね。いつも何か新しいものを見つける。

今年も冷たいヘルシンキに行きたいなぁ。

クリスマスカーディナル

130×135cm

ポインセチアのリース
73×73cm

サイレントナイト 光る星／上

60×92cm

ワイキキ トワイライト クリスマス
／右

84×64cm

MELE KALIKIMAKA ALOHA
130×90cm

クリスマスツリー
122×82cm

Chapter 4 人生は旅

旅が大好き。旅先で出合った美しいもの、人、自然、空気感から
インスピレーションを得て作品にすることも多いのよ。

旅は心のビタミン

娘たちが大きくなってからは年に3、4回ほど外国に旅に出ます。ハワイは旅というより帰る場所っていう感じなので、他の所、ヨーロッパやアメリカ、アジア、特に好きなのはフィンランド。冬のはじまりに行くのが好きです。冷たい空気の中、街行く人のマフラーの色や帽子の色がとってもきれい。赤やオレンジ、ピンクにグリーン！　あら、青があまりいない。青は冷たい色だからかしら。雪が色を消してしまった街にアクセントのようにきれいな色があると、すごく惹かれる。

ホテルの窓から歩いている人たちを見ているとパッチワークを作りたくなるの、変かしら？　ヘルシンキの若い女性たちはみんなきれい。背も高くてスーパーモデルのようです。歩く時の姿勢が良いからかしら、胸を張って足をまっすぐに出して歩くのがいいわ。これは今からでも真似できる。なんてね。

自然の中の美しい色や空気感、旅は私にたくさんのことを教えてくれます。ただ観光地を回ってブランド品を買って、という旅はもう卒業。自分の心の中にしまっておける、そんな旅をします。

家に帰ってきてから、あたたかいカフェラテを飲みながら思い出したりするのって幸せな時間よ。旅は行っている時だけでなく、帰ってきてからも心のビタミンになるの。

さあ、今日は北欧風な色合いでパッチワークでも作りましょうか。

春の小川
111 × 90cm

Tahiti

ハワイアンキルトのルーツはタヒチに

タヒチに行こうと思ったのは、やっぱりハワイアンキルトがきっかけでした。ハワイアンキルトを作り始めてしばらく経った頃、この手法やデザインはどこからきたのだろう、誰が最初に縫い始めたのだろうと気になりました。ハワイアンキルトの始まりは、ビーチに干してあったシーツにレフアやハイビスカスの影が映って、それが美しかったので布で再現したと言われている説が一般的ですが、では、たたんでカットするこの手法はどこからきたのでしょう。調べてみると、どうもタヒチに似たようなのがあるとわかりました。

じゃあ行ってみましょう、ということになり、タヒチの首都・パペーテに飛びました。初めて訪れたのは今から23年ほど前、まだ日本から直行便がなく、ハワイ・ホノルル空港から夜中に出発する便に乗り、6時間かけてやっと着きました（その後、日本からの直行便が飛ぶようになったの）。ファアア国際空港には朝5時過ぎに着陸。タラップがついて外に出ると、朝の光のパワーがすごい！ 暑いというより痛い。空港の入り口ではタヒチアンミュージックとダンスの歓迎セレモニー。一瞬でタヒチに来たぁ〜って感じます。この素朴なやさしさは、もうハワイにはなくなりました。

さあ、目的はハワイアンキルトのルーツです。見つけました。ティファイファイと呼ばれる布にアップリケをしただけのタヒチアンキルト。キルティングがないのは、このタヒチの暑さのせいでしょう。ハ

ワイは夜になると涼しくなりますので、綿が入ったキルトが必要ですものね。

8つにたたんでカットするのは同じ。ただ、とてもおおらかです。色の組み合わせはとにかくカラフル、青や赤やオレンジなどの原色がパワフルです。この時お世話になったのはアンティ・エマさん。どうもドイツの宣教師の奥さんが縫い方を教えてくれたそうです。たしかにドイツのキルトに日本の家紋のようなデザインのものがあり、たたんでカットするのも似ている。きっとここからスタートしたのね。なんとなく納得しました。

それにしてもこのおおらかなタヒチアンキルト、日本のみなさんにも楽しんでほしいと、あちらこちらで紹介するようにしています。なんといってもキルティングがないのが手軽です。でも、アップリケだけだとちょっとさみしいので、チェーンステッチを入れて豪華さを出して、仕上げにまわりをランニングステッチします。

タヒチでは日よけにしたり、赤ちゃんを包んだり、テーブルクロス、ストールなど、いろいろな使い方をしています。私もちゃちゃっと作って使ってますよ。

ハワイアンキルトのルーツを探したら、とっても明るいタヒチアンキルトに出合いました。それから何回もタヒチに行って、タヒチの素晴らしさに惹かれています。

アンティ・エマのサンプラーズ

150×150cm

アンティ・エマがプレゼントしてくだ
さったサンプラーをつなぎ合わせて刺繍
をしたら、こんなに素敵になりました。
まるで手と手（タヒチと日本）をつなぐよ
うに。

ハイビスカスのキルト

115×175cm

初めて作ったタヒチアンキルトは、この
ハイビスカスのキルトでした。ピンクの
土台布に薄いピンクの葉をカットして、
まわりを赤でスカラップしたベースに、
私の好きな赤や黄色、ピンクの大きな花
をアップリケして、葉を刺繍してみまし
た。

ジンジャーとロケラニのキルト

240×210cm

ウエディングキルトにもよさそう。甘く
やさしいピンクのむら染め布にぴったり
なイメージのキルトになりました。

タヒチアンフラワーのキルト

130×115cm

南の島に咲く、愛らしい花たちをモチーフにして。ほらね、刺繍をあしらうと、お花がぐっと引き立つでしょ。

ドルフィンの贈り物

125×115cm

七奈美が小さかった頃、大好きだったイルカ。そんな愛くるしいイルカと大輪のティアレをモチーフにして。

風に揺れるティアレ

265×220cm

ティアレを大胆にデザインしてキルトにしました。一段と素朴でおおらかに見えるのは、聖なる石（？）の力のせいでしょうか。

ブルーモンステラのキルト

240×205cm

モンステラとラウアエとジャングル
ファーンをモチーフに。ゼンマイみたい
な形の芽がやがて葉になっていきます。

アンスリウムのキルト

100×100cm

花のところにむら染めの色が効果的に出
るようにデザインしたキルトです。バリ
ハイ山を背景に撮影しました。

タヒチ・ゴーギャンのキルト

19年続いた東京国際キルトフェスティバルが終了したのは2020年。その前の年2019年1月に開催したのが最後になりました。コロナパンデミックのせいもありますが、突然の終了には本当に驚きました。でも、19年間、キルターたちの目標で、発表の場で、交流の場でもありました。

私は1回目から展示コーナーを任せていただき、19回それを続けました。毎回テーマが決まっていました。花、夢、希望などなど抽象的なものが多かったのですが、途中からはっきりとテーマが決まってくるようになりました。絵画キルトがテーマになった時、私は躊躇なくゴーギャンを選びました。選んだのはいいのですが、ゴーギャンのことはほとんど知らず、まず本を買い、彼の生い立ちから調べ、絵を描くようになったきっかけ、どんな生活をしていたのかなどたくさん調べました。波乱万丈な彼の生き方、そして行き着いたタヒチで彼の絵は開花したのです。

もうこれはタヒチへゴーギャンを訪ねて行くしかありません。しかし、タヒチにあったゴーギャン美術館は閉鎖されていて、アトリエもなくなっていました。せっかく来たのにゴーギャンに触れることもなく残念！　と思っていたら、レプリカを飾っている所があると聞き、モーレア島まで見に行きました。アトリエも再現されていてうれしかった。一日中アトリエや絵を見て、これを作りたいと制作意欲が湧いてきました。

「タヒチの女」「マンゴーを持つ女」「花びんの花」、この3作品が生まれました。余談ですが、パリのオルセー美術館とヘルシンキの美術館で本物のゴーギャンを見ることができました。

ゴーギャンの絵をキルトにすると決めたあの年は、どこに行ってもゴーギャンと一緒だった気がします。

ちなみに今は、毎年11月に横浜でワールドキルトフェスティバルが開催されています。ここに飾るために一年間頑張ってキルトをチクチクしています。

France

バラの村・ジェルブロワ

カメラマンの斉藤亢先生が、私に本をプレゼントしてくれました。タイトルは、『フランスの美しいバラの村 スミレの村』。とても美しい本で、私の宝物になりました。

バラの花が大好きな私は、どうしてもこの本に出ているバラの村に行きたくて、キルト仲間と一緒にフランスへ向かいました。

パリから北へ100kmの所にあるジェルブロワ、とても小さな村です。車を降りて村の中に入ると、バラの季節には少し早いにもかかわらず、ピンク色のオールドローズが私たちを迎えてくれます。いい香り、ゴージャスなバラの香りです。

メイン通りは石畳で2kmほど。でも、その通りには100年ほども経ったであろう美しい家。それぞれ特徴のある入り口をつるバラで囲っています。道を半分ほど歩くと小さな広場。真ん中におしゃれな井戸。使っていないらしく、ここもまた黄色いバラが覆っています。とにかくどこもかしこもバラの花があふれているの。村中がバラの香りに包まれているので、ワインのように酔ってしまいそう。

井戸の近くにあるこの村で1軒だけのレストラン。まるでおとぎ話に出てきそうなかわいいお家。メニューはひとつだけ、コースです。実は私、この村が大好きで3回行ったのですが、レストランのメニューは3回とも違っていました。フォアグラのソテーとステーキは食べられたけど、ラパンだけは食べられなくて、スープとサラダだけにしちゃった。
窓から外を見ながらゆっくりと時間をかけたランチ、優雅でやさしい時間でした。

その時に一緒に行ったキルトの仲間たち。日本に帰ってきてから全員がバラのキルトを作りました。思い出も縫い込めたようです。
あ〜！　また行きたいね。5月のバラの村へ。

私の好きなアルバンティーネ＆バレリーナ／左
250×200cm

メキシカンクロス＆マーガレット

68×68cm

ピースワークとアップリケを組み合わせたミニタペストリー。大好きなホテル「ホテル・アガシン」で撮影させていただきました。ガーデンに咲く可憐なバラとともに。

スノーフレーク＆
ブルーローズ

210×205cm

黒をベースにすると、マリナーズコンパ
スとバラの印象ががらりと変わって奥行
きを感じさせてくれます。ぶどうをあし
らった作品。アヴィニョンの町から車で
1時間ほど走った所に、外壁にぶどうの
蔦をはわせたオールドハウスがありまし
た。その庭の一角で撮影させていただく
ことに。

アヴィニョンに向かう電車の中で、チクチクタイム！　疲れたら窓の外
を見てリフレッシュ。まわりのマダムたちが私の手元を見て、声をかけ
てきます。残念なことにフランス語はまるっきりわかりません。

でも、ひとつだけわかったわ。「トレビアン」。多分「いいね」って言って
くれたんだと思います。「メルシー、マダム♡」、これだけでオッケー、
つながります。

アヴィニョンの駅に着いて降りる私に、「ボンボヤージュ」。良い旅を、
とウインク♡　素敵なマダム！

とってもハッピーな気持ちになりました。できあがったキルトには思い
出がいっぱい。見るたびに「トレビアン」が聞こえてきます。

ハッピークロスのキルト

90×90cm

うれしさを表現したくて、私がつけたキル
トのネーミング。黒を中に入れたカラ
フルな色のキルト、なかなか難しい色の
組み合わせです。ソレイヤードのショッ
プでセールされていた布なんですよ。こ
んな出合いがあるからやめられません。

ベツレヘムの星

217.5×149.5cm

中心から外へ、美しく光り輝く星をデザ
インしたパターンです。実際は、パター
ンを6枚つなぎ合わせてひとつの作品に
しています。

プロヴァンサルプリントでサンプラーズキルト

96×96cm

フランスで手に入れたプロヴァンサルプ
リント。ちょっとした待ち時間、移動中
の列車の中で、仲間とおしゃべりしなが
らチクチク縫いました。

オールドローズ＆チェリー／左
ジュリア＆チューリップ／右

各28×28cm

アップリケをしている時から、額に入れ
てプロヴァンスで撮影したいと決めてい
ました。思ったとおり、いい感じです。

冬ごもり
263×196cm

冬のはじまり
259×202cm

晩秋
256×200cm

パリ・オランジュリー美術館

シャワーツリーのキルト10連作を作ったのは、モネの絵をオランジュリー美術館で見たことが大きなきっかけでした。

あの頃はとにかくパリによく行きました。

息子の洋輔が留学していたこともあり、1年間に4回ほど行っていました。たしかに行きすぎよね。パリに行っても洋輔は学校があるので相手にしてくれません。初めの頃は観光をしたり、買い物をしたりしていたけど、それも飽きちゃって何もすることがないから、洋輔の部屋のそうじをして、午後はカフェで歩いている人をウォッチング。それも飽きて美術館めぐりをするようになりました。

ルーブルは広すぎるので、見たい絵画を選んで見ます。2日間連続で見に行ったりしました。オルセーは絵画を見るだけではなく、ここのレストランやカ

初夏のかおり
255×205cm

秋は静かに
252×200cm

初秋のおとずれ
255×207cm

夏の力強さ
256×200cm

フェが好きで、半日ぐらいぼーっとしてたことがあるくらいでした。ここはもともと駅だった建物を美術館にしたので、光がきれいです。ゴッホも、ゴーギャンも、ミレーも、ここで初めて見ました。

オランジュリーはルーブルから歩いて15分ほどの所にあります。ここで見たのは、モネの「睡蓮」。360度の壁全部「睡蓮」。ぐるっと「睡蓮」。これは感動しました。真ん中に置いてある椅子に座って絵を見ていると、水のゆらめきや風のざわめきを感じ、柳の葉が揺れて見え、まるでジヴェルニーのモネの庭にいるような気持ちになり、その不思議なパワーに心を

わしづかみにされたように思いました。

これをキルトでできないか。もちろん、モネの足元にも及ばないことはわかっています。でも、キルトで連作ができ、ハワイのカピオラニパークのシャワーツリーにぐるりと囲まれたように見えたら素敵だなと思い、帰国してすぐに夢中で作りました。
洋輔に会いたくて行ったパリなのに、私にたくさんのアイデアをくれました。

今は年に1回しか行けないパリ。でもやっぱりオランジュリーのモネの「睡蓮」に会いに行くのです。

梅雨の気配
256×210cm

春の盛り
255×207cm

春
265×183cm

Chapter 5 キルトは愛そのもの

生徒さんたちと一緒に作るフレンドシップキルトには、
たくさんの愛情がいっぱい詰められているの。

フレンドシップキルト

キルトを教えるようになったのは、長女の幼稚園でママたちに教えたのが最初です。幼稚園の横にある教会の小部屋で、5人ほどのママたちに簡単なパッチワークを教えました。どんどんママたちが集まって増えて、次の年にはなんと50人以上になってしまいました。

背中を押されるように御殿場駅の前にキルトショップをオープンしました。キルトを仕事にした第一歩です。それから40年近くが過ぎました。今でもその頃の生徒さんが通ってくれています。いつも思うの、キルトの教室仲間ってすごく気楽！　誰の奥さんでも誰のママでも関係ない、一緒に好きなことをしている仲間。それでいいのです。

その仲間たちと力を合わせて1枚のキルトを縫う、これを「フレンドシップキルト」と言います。

アメリカでは、みんなで作ったキルトを販売して教会などに寄付するそうです。みんなで集まってチクチク縫う姿が、蜂が集まるように見えるのでしょうね。「キルトビー」と言われているのですよ。

私たちのフレンドシップキルトは、仲間たちの歴史としてキルトミュージアムに保管しています。年に何回かはフレンドシップキルトウィークとして飾られます。

「仲間たちと作った時の思い出が懐かしい」と見にいらしたみなさんがおっしゃっています。

今年も素晴らしいフレンドシップキルトが生まれます。
楽しみです♪

3つの花のフレンドシップキルト

165×130cm

シャワーツリーの
フレンドシップキルト
180×180cm

ハワイの夏の花、シャワーツリーをモ
チーフにしたキルト。やさしいピンクの
花がまるで空からシャワーのように降り
注ぐような、そんな光景をイメージして
作りました。

友人へのお祝いに、何人かで手作りのも
のを。フレンドシップキルトはそういう
使い方もできます。花のモチーフは2種
類なのに、色を変えるだけでとても華や
かに。

Welcome to K's town
198×198cm

Kの町での一年の過ごし方、春は満開の
お花、夏はキラキラ太陽、海辺へGO!
秋はハロウィン、トリックオアトリート、
冬はみんなでメリークリスマス。春夏秋
冬、いつも楽しいことが待っています。
それぞれのお家に個性が出せるのもフレ
ンドシップキルトの良いところですね。

シャドーダンシング
180×180cm

珍しく黒い布を多く使い、土台布をピースワークしました。その上にハワイアンキルトのモチーフを配置して美しい陰影が出るように工夫しました。

おばあちゃんたちの思い出

260×195cm

マリナーズコンパスの
フレンドシップキルト

140×140cm

キルトスクールの生徒さんが、それぞれ
1枚ずつ作ったパターンをつなぎ合わせ、
私にプレゼントしてくれました。今も大
切に使っている一枚です。

レフアのホワイトキルト
240×180cm

おわりに

さて、私の51年間のキルトのお話はいかがでしたか？　それにしても、半世紀もキルトが好きで、ずーっと縫っているなんて思ってもいませんでした。1972年の秋、サンタモニカの小さなキルトショップに出合っていなかったら、私はどんな人生だったのかしら？

好きな布に囲まれ、楽しい仲間たちとのチクチクタイム。話が弾んで大笑い！　キルトを訪ねて世界を旅して、美しいキルトを見て感動して！キルトがなければ、こんなにハッピーな人生ではなかったと思います。

もう一度人生を戻してあげるよって言われても、キルトに出合いたい。夫に出会いたい！　だから「今のままでいいわ」って答えます。

振り返ることは好きじゃないけど、今回は特別に自分のキルトを振り返ってみました。本当にたくさんのキルトを作ってきました。作ることが楽しくてうれしくて。そんな私の思いがみなさまに届きましたでしょうか？

私の強い思いを本にしてくださった滝澤さん。美しいキルトの写真を撮ってくださった斉藤亢さん。無理難題を叶えてくださった大和書房のみなさん。ありがとうございます。心から感謝しています。
Special Thanks♡

ご覧いただいたキルトがすべてではありません。今この瞬間にも新しいキルトを作っています。キルトたちが収まる場所が欲しくて、静岡県御殿場にキルトミュージアムを作りました。ここではいつでも私のキルトをご覧いただけます。愛媛県今治のタオル美術館には私のキルトが常設展示されています。みなさまのお越しをお待ちしております。

2023年10月吉日
キャシー中島

<写真／上段2点、中段右2点、下段右1点>
撮影：KUNI NAKAI
撮影場所：モアナサーフライダー，ウェスティン・リゾート＆スパ，ワイキキビーチ
衣装協力：Makana na Kathy

Kathy's History

- **1952**(昭和27)年
  ハワイ・マウイ島で生まれる

- **1969**(昭和44)年
  CMモデルデビュー（日本コロムビア）
  『夜の柳ヶ瀬』でカサノヴァ7の一員としてレコードデビュー

- **1970**(昭和45)年
  6月『ヴィーナス』でキャッシーの名でソロデビュー（ポリドール）

- **1972**(昭和47)年
  米・ロサンゼルスのショップで指導を受け、パッチワークを始める
  TBS「ぎんざNOW!」でタレントデビュー
  11月『白い大地は誰のもの』キャシー中島（クラウン）

- **1973**(昭和48)年
  3月『涙のドレス』（クラウン）
  6月『暑い夏が悪い』（クラウン）
  11月『愛されているのに』（クラウン）

- **1974**(昭和49)年
  7月『渚のチュチュ』（クラウン）

- **1975**(昭和50)年
  「プレイガールQ」出演
  8月『おしえて!エルビス』（ポリドール）
  パッチワークの大きな作品を作る（ログキャビン、スター等）

- **1976**(昭和51)年
  「独占!女の60分」のアタッカーとして出演
  パッチワークと日本刺繍に夢中になる
  仕事が忙しい中、作品作りに励む

- **1979**(昭和54)年
  俳優・勝野洋と結婚
  長女・七奈美誕生

- **1980**(昭和55)年
  「うたたねキルト」完成

- **1982**(昭和57)年
  次女・雅奈恵誕生
  御殿場に住み始める

- **1983**(昭和58)年
  長男・洋輔誕生

- **1984**(昭和59)年
  御殿場の幼稚園でパッチワークを教え始める

- **1987**(昭和62)年
  静岡・御殿場にスタジオKオープン

- **1988**(昭和63)年
  子育てに奮闘
  「笑っていいとも!」出演をきっかけに芸能活動再開
  パッチワーク作りでスランプに陥る
  ハレイワのレストランでハワイアンキルトに出合う
  『ハローパッチワーク』
  『ハロークリスマス』出版

- **1989**(平成元)年
  ファーストハワイアンキルト「青いパンの木のベッドカバー」を作り上げる
  『誰かさんのためのパッチワーク』
  『もっとハローパッチワーク2』出版

- **1990**(平成2)年
  横浜で、初めて百貨店での小さなキルト展を開く

- **1991**(平成3)年
  「キャシーズクラブ」（現・キャシーマムクラブ）発足
  教室での直接指導だけでなく、通信講座も開始
  『ハローマイパッチワーク』出版

1992(平成4)年
東京・用賀にニンニクの店「レストラン・カティアム」開店
『好き・好き! パッチワーク』出版

1993(平成5)年
「インターナショナルキルトウィーク横浜」に初めて出店
『3日で作れるラク・ラク! パッチワーク』
『おしゃべりパッチワーク』出版

1994(平成6)年
勝野が出演したドラマ「俺たちの朝」の舞台
神奈川・極楽寺にスタジオK2オープン

1995(平成7)年
名古屋・花もめんからオリジナルプリントを発売
長女・七奈美、高校入学
『超かんたんパッチワーク』
『フレンチカントリー』出版

1996(平成8)年
銀座の百貨店でのキルト展スタート
NHK「おしゃれ工房」の司会を始める
『パッチワーク物語』
『サンプラーズキルト』出版

1997(平成9)年
お台場ビッグサイトにて「ハワイアンキルト・ワールド」開催
東京・三軒茶屋にスタジオK3オープン

1998(平成10)年
東京・銀座にキャシーズコットンファームオープン
住まいを三軒茶屋に移す
次女・雅奈恵、芸能界デビュー
『バラ色のキルトをあなたに』
『ハワイアンキルト』出版

1999(平成11)年
御殿場に「キャシーマム キルトミュージアム」オープン
長男・洋輔、芸能界デビュー
『新装版フレンチカントリー』
『パッチワークカレンダー』
『新装版サンプラーズキルト』出版

2000(平成12)年
兵庫・神戸にてキルト教室スタート
『パッチワークパラダイス』出版

2001(平成13)年
富山・チューリップ四季彩館にて展示会開催
『ハワイアン・キルト』出版

2002(平成14)年
キャシー50歳になる
「東京国際キルトフェスティバル」初回より出展
愛媛・タオル美術館ASAKURAにて展示会開催
京都・美術館「えき」KYOTOにて展示会開催
『プロヴァンスキルト』
『ハワイアンキルト2』出版

2003(平成15)年
兵庫・神戸にキャシーマム神戸オープン
「サンシャインローズガーデン」IQAで受賞
鎌倉プリンス「アロハチャリティキルト展」スタート
愛媛・タオル美術館ASAKURAにて展示会開催
『ステンドグラスキルト』
『Aloha! ハワイアンキルト』
『キャシーマム①2003秋号』出版

2004(平成16)年
神奈川・元町にキャシーマム横浜元町オープン
ハワイの文化を日本に紹介する取材のため年14回ハワイに渡る
六本木ヒルズ「マケケ・ハワイ・リィリィ」スタート

京都・美術館「えき」KYOTOにて展示会開催
『キャシーマム②2004冬号』
『キャシーマム③2004春号』
『キャシーマム④2004夏号』
『キャシーマム⑤2004秋号』
『キャシーマム⑥2005冬号』出版

・*2005*(平成17)年
京都にキャシーマムコレクション京都オープン
「12ヵ月のフラワーポット」AQSで受賞
『ハロー！マイパッチワーク』
『キャシーマム⑦2005春号』
『ハワイアンキルト物語』
『キャシーマム⑧2005夏号』
『ハワイアンのかわいいかわいい小ものたち』出版

・*2006*(平成18)年
ハワイ・ホノルル市長より「ハワイアンキルトマスター」
の称号をいただく
京都・美術館「えき」KYOTOにて展示会開催
長野・信州ゴールデンキャッスルにて展示会開催
『ハワイアンプリントと暮らす』
『キルトスタイル Kathy Mom』
『ハワイアンの楽しい楽しい小ものたち』
『オハナ・キャシー・マム夏号』
『オハナ・キャシー・マム冬号』出版

・*2007*(平成19)年
マナ・アイランドオープン
岐阜にキャシーマムGifuオープン
六本木ヒルズ「オハナ・キルト展」スタート
愛媛・タオル美術館ASAKURAにて展示会開催
京都・美術館「えき」KYOTOにて展示会開催
『オハナ・キャシー・マム春夏号』
『ハワイアンのうれしいうれしい小ものたち』
『楽しいね♡ サンプラーズキルト』
『オハナ・キャシー・マムvol.4』出版

・*2008*(平成20)年
六本木ヒルズアリーナにて七奈美のデビューコンサート
長野・信州ゴールデンキャッスルにて展示会開催
山形・山形美術館にて展示会開催
「10年愛ローズ」AQSでハンドメイドキルト1位受賞
『はじめまして♡ キャシーズ タヒチアンキルト』
『ハワイアンの素敵な素敵な小ものたち』出版

・*2009*(平成21)年
御殿場に「キャシーマム カフェ」オープン
長女・七奈美死去（享年29歳）
山形・酒田美術館にて展示会開催
『ガーデニングキルト』『パッチワーク大好き！'09春夏』
『ハワイアンの愛しい愛しい小ものたち』
『パッチワーク大好き！vol.2秋冬』
『増補新版ステンドグラスキルト』
『復刻版キャシーのサンプラーズキルト』出版

・*2010*(平成22)年
長男・洋輔、次女・雅奈恵、渡仏
愛媛・タオル美術館ICHIHIROにて展示会開催
『パッチワーク大好き！vol.3春夏』
『増補新版フレンチカントリー』
『ハワイアンな小ものたち』出版

・*2011*(平成23)年
東京国際キルトフェスティバルのポスターに作品提供
「おばあちゃんたちの思い出」IQAで受賞
『キラキラキルト』
『パッチワーク大好き！vol.4春夏』
『UKIUKI ハワイアンキルトのかんたんキット』
『ハワイアンな小ものたち2』出版

・*2012*(平成24)年
キャシー還暦を迎える
銀座にて販売を目的とした「アートキルト展」を開催
京都・美術館「えき」KYOTOにて展示会開催
『私のキルト物語』出版

- *2013*(平成25)年
  マカナナキャシーブランド販売開始
  『いちばんよくわかるハワイアンキルト』
  『大好き♥ハワイアンキルト』出版

- *2014*(平成26)年
  ココナッツオイル販売をプロデュース
  ヨコハマ グラフィティ ザ・ゴールデン・カップスの時代展
  『ハッピーキルト』出版

- *2015*(平成27)年
  次女・雅奈恵結婚
  長男・洋輔、完全帰国
  東京国際キルトフェスにてメイン展示担当、「シャワーツリー」10連作初展示
  茨城・しもだて美術館にて展示会開催
  『ハワイアンキルト・ブック』
  『こんなにすごい! ココナッツオイル』
  『ボンジュール!キルト』(洋輔との初共作本)出版

- *2016*(平成28)年
  次女・雅奈恵に初孫となる長女・八瑠子誕生
  日本橋高島屋にて展示会開催
  京都タカシマヤにて展示会開催

- *2017*(平成29)年
  宮崎県総合博物館にて展示会開催
  舞台「横浜グラフィティ(アゲイン)」再演
  65歳・芸能生活50年・キルト歴45年を記念したGO GO GOパーティー
  『いつでもハワイアンキルト』『愛を綴るキルト』出版

- *2018*(平成30)年
  愛媛・タオル美術館ICHIHIROにて常設展示物販開始
  舞台「すなっく ラ・ボエーム」
  『みんなのハワイアンキルト』
  『ステンドグラスキルト』出版

- *2019*(令和元)年
  次女・雅奈恵に2人目の孫となる長男・陽月誕生
  舞台「ホテル・モントブランク」
  新潟・長岡市栃尾美術館にて展示会開催
  福岡・博多阪急にて展示会開催
  『やさしく作れる キャシー中島のハワイアンキルト』出版

- *2020*(令和2)年
  神奈川・さいか屋藤沢店にて展示会開催
  『キャシーマムのキルトで楽しいハワイアンスタイル』出版

- *2021*(令和3)年
  青森・七戸町立鷹山宇一記念美術館にて展示会開催
  日本キルト協会発足
  舞台「浜辺の朝～俺たちのそれから～」
  『キャシー&洋輔のセゾンキルト』出版

- *2022*(令和4)年
  キャシー古希を迎える
  御殿場の「キルトミュージアム」をリニューアルオープン
  鳥取・日南町美術館にて展示会開催
  BS Japanext「キャシー中島のHappyレシピ作ってみて!」出演
  次女・雅奈恵に3人目の孫となる次男・恵偉人誕生
  愛知・名鉄百貨店本店にて展示会開催
  舞台「虹の彼方へ」
  『伝えたい私のキルト～キルトを愛して50年～』出版

- *2023*(令和5)年
  岐阜・光ミュージアムにて展示会開催
  山形・山形美術館にて展示会開催
  舞台「太陽にほえたら…」

Kathy's History

キャシー中島
Kathy Nakajima

ハワイ生まれ、横浜育ち。タレントとして活躍する一方で、パッチワーク作家として創作や指導にあたっている。ハワイアンキルト、アメリカンキルト、ステンドグラスキルト、ガーデニングキルトなど色彩豊かな作品を生み出しており、著書も多数。現在、静岡県御殿場市のキルトミュージアムをはじめ、国内でキルトスタジオを運営している。その芸術的才能は、日本国内はもとよりパッチワークキルトの本場アメリカでもキルトコンテストにて数々の受賞歴があり、高く評価されている。

スタジオKキルトミュージアム＆キャシーマムカフェ
〒412-0026 静岡県御殿場市東田中3363-6
TEL : 0550-82-2600

スタジオK3
〒154-0024 東京都世田谷区三軒茶屋2-21-6
TEL : 03-3411-6171

キャシーマム横浜店
〒231-0005 神奈川県横浜市中区本町6-50-10
ラクシスフロント2F（横浜市役所内）
TEL : 045-232-4663

キャシーマムNagoya
〒460-0008 愛知県名古屋市中区栄4-16-27
富士サカエビル 2F
TEL : 052-261-1322

マナアイランド
〒154-0024 東京都世田谷区三軒茶屋2-17-14
TEL : 03-3421-7698

キャシー中島Instagram：
@official_kathynakajima
キャシー中島オフィシャルHP：
https://www.kathymom.jp
キャシーマムのパワフル日記（ブログ）：
https://ameblo.jp/kathy-nakajima/

＊マークの作品は材料キットがございます。ご購入ご希望の方はスタジオK3にお問い合わせください。使用する布は変更になる場合がございます。

Aloha nui loa
アロハ ヌイ ロア
キャシー中島・51年目のキルト作品集
なかじま ねんめ さくひんしゅう

2023年12月5日　第1刷発行

著者	キャシー中島
発行者	佐藤靖
発行所	大和書房
	東京都文京区関口1-33-4
	電話03(3203)4511

ブックデザイン	宮下ヨシヲ（SIPHON GRAPHICA）
撮影	斉藤亢
写真協力	岳陽舎
制作協力	（株）スタジオKグループ　スタジオKキルトミュージアム
	（株）サンミュージックプロダクション
編集	滝澤和恵（大和書房）

印刷	歩プロセス
製本	ナショナル製本